Whiz
Lindy
M. le Gendarme
M. Culbuto
Les pirates
Sournois
Finaud

PAPIER À BASE DE FIBRES CERTIFIÉES

hachette s'engage pour l'environnement en réduisant l'empreinte carbone de ses livres. Celle de cet exemplaire est de : 250 g éq. CO_2
Rendez-vous sur www.hachette-durable.fr

Oui-Oui™ Hachette Livre – 43, quai de Grenelle, 75905 Paris Cedex 15
Loi n°49-956 du 16 juillet 1949 sur les publications destinées à la jeunesse.
Édition 01 – Dépôt légal : août 2013.
Achevé d'imprimer en août 2013 en Roumanie par Canale.

Oui-Oui

En voiture !

Je lis avec un grand

Ce matin, Oui-Oui et  Zim ont prévu

une grande promenade dans la  forêt .

Son  foulard au vent, Oui-Oui roule

parmi les  fleurs et les  arbres tandis

que Zim renifle toutes les bonnes odeurs !

Tuf ! Tuf ! Au détour d'un  , la voiture

buisson

de Oui-Oui fait soudain un drôle de bruit.

Le pantin se gare au bord de la 

route

et coupe le moteur.

« Zim ! Mon taxi est en panne. Quel malheur ! »

Au  , Whiz fait une drôle de tête

garage

et secoue sa 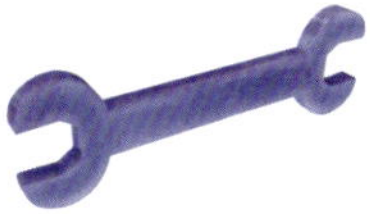 :

clé à molette

« La batterie est cassée et les 

pneus

sont dégonflés ! Il va falloir patienter. »

Zim est un peu déçu mais  Oui-Oui a une idée !

Et s'ils allaient dire bonjour à leurs amis ?

« Bonjour  Mme Laquille ! Bonjour les  quillons !

Comment allez-vous par cette belle journée ? »

Ils rendent ensuite visite à  Mirou .

Dans le jardin de sa  maison , la petite oursonne

leur offre un  verre de limonade glacée.

Quel délice par cette chaleur d'été !

Puis, la petite troupe se rend chez 
M. Culbuto

qui prépare des  , de bons gâteaux
glaces

et de la délicieuse  .
gelée

« Entrez les amis ! Vous allez vous régaler ! »

Pendant que les amis sont attablés pour le goûter,

Whiz continue à travailler. Il fouille dans

sa  et agite son  .

boîte à outils · marteau

Le taxi de Oui-Oui sera bientôt réparé !

 a même repeint la carrosserie abîmée.

Lindy

Il est enfin temps pour Oui-Oui de retrouver

son  !

taxi

Zim aboie de joie tandis que  demande

Whiz

d'une toute petite voix :

« J'aimerais bien faire un tour, moi aussi.

– Bien sûr, Whiz, monte et tous en voiture ! »

Oui-Oui

Zim

Potiron

Mirou

Mme Laquille et les quillons

M. Jumbo